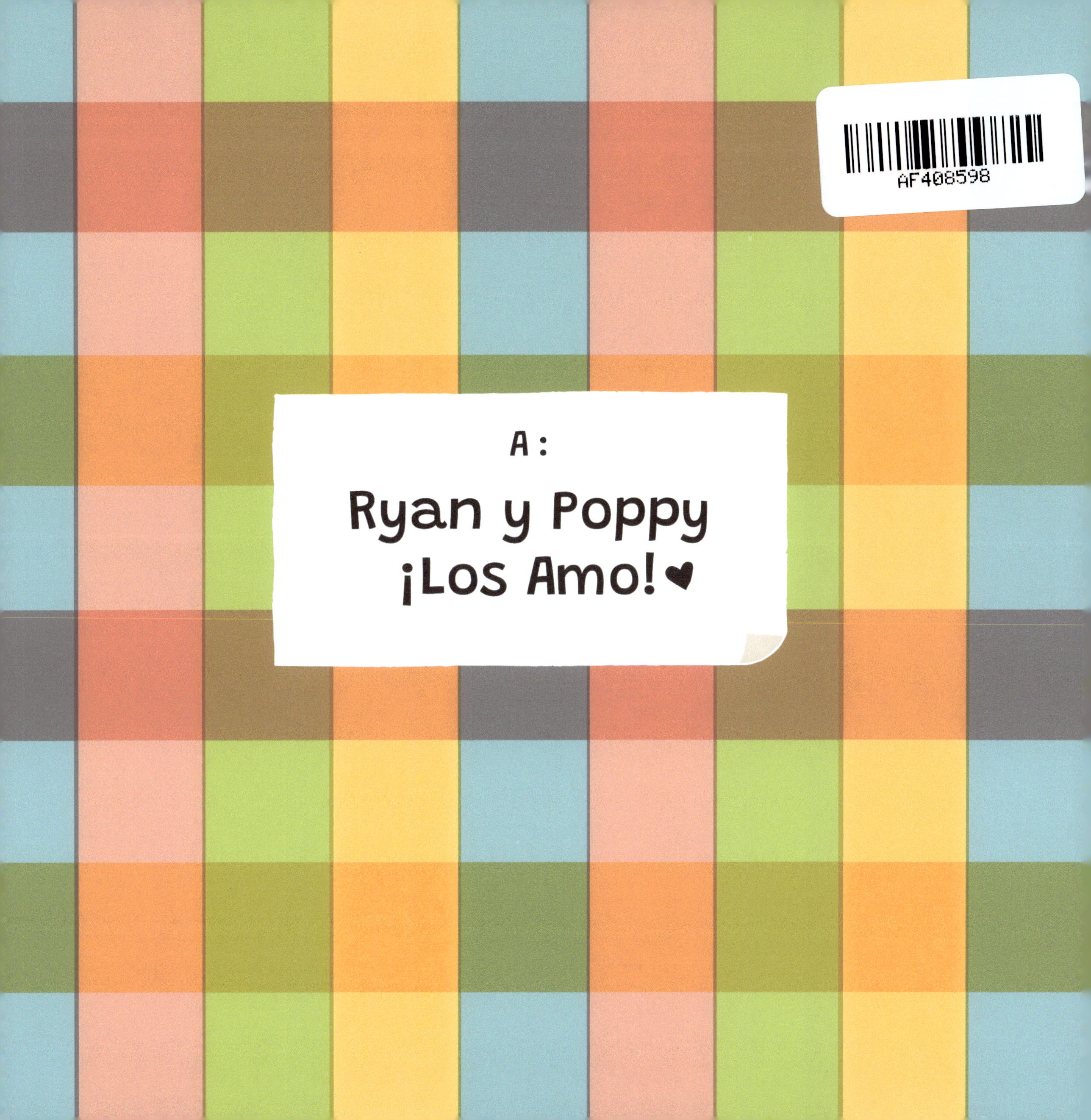
A :
Ryan y Poppy
¡Los Amo!♥

UN DÍA CON DAISY

Aprende diez estrategias de un Patólogo-Terapeuta de Lenguaje para promover el desarrollo del habla de tus hijos ¡mientras leen!

Alexandra Princiotta Lowe, MA CCC-SLP
Ilustrado por : **Febriyana Fadillah**
Traducido por : **Valentina Mendoza Quintana**

Tabla de contenidos

Introducción

Daisy, la niña de esta historia, tiene dos años y sólo dice un puñado de palabras. Usualmente, los niños de dos años reproducen entre doscientas (200) a cuatrocientas (400) palabras y están comenzando a hablar en frases de al menos dos palabras. Los padres de Daisy utilizan estrategias que aprendieron de su terapeuta de lenguaje y, como podrás ver, las mismas son fáciles de incluir en rutinas diarias.

La autora de esta historia, una terapeuta del lenguaje con más de diez años de experiencia, ha tenido un enorme éxito utilizando estas estrategias con niños de hasta tres años por más de una década. Estos simples trucos y recomendaciones pueden ser aplicados a niños con retraso del habla, como Daisy, niños en el espectro autista, o habladores tardíos.

En este libro se presentan diez estrategias distintas, que no buscan reemplazar la terapia de lenguaje sino servir como una herramienta para ser utilizada junto al tratamiento terapéutico profesional.

Cómo utilizar este libro

Este libro fue creado para ser usado como una referencia y una herramienta para padres, guardianes y educadores. Sigue utilizando este libro hasta que puedas utilizar las diez estrategias naturalmente, ¡esa es la idea! Estos trucos y recomendaciones deberían incluirse fácilmente en tus rutinas diarias para que puedas promover el desarrollo del lenguaje de tus hijos sin interrumpir su vida familiar.

Revisa cada una de las diez estrategias o ve directo a la historia, ¡tú decides! Pero asegúrate de leer las estrategias en algún momento; a lo largo del cuento encontrarás ejemplos de cada una de ellas. También puedes utilizar este libro con niños de desarrollo de lenguaje típico para enriquecer su lenguaje.

Estrategias de habla y lenguaje

1. **Las rutinas verbales** son frases cortas y repetitivas que pueden ser utilizadas a lo largo del día y en distintas situaciones. Al escuchar la frase que están acostumbrados a oír, los niños entienden que algo sucederá. Haz una pausa antes de la última palabra para darles la oportunidad de completar la frase. Ejemplos en las páginas 15, 21, 22, 28.

2. **¡Ofrece opciones!** Los niños con retraso del habla pueden frustrarse fácilmente, así que ofrecer opciones puede ayudar a que tu pequeño sienta más control y por ende, pueda estar más tranquilo. Al dar opciones, y constantemente nombrar objetos en su entorno, promovemos el lenguaje receptivo (comprensión del lenguaje). Antes de hablar espontáneamente y utilizar lenguaje expresivo, los niños primero deben entenderlo. Ejemplo: ¿Quieres tu babero de dinosaurio o tu babero de flores? Asegúrate de mostrarle ambos objetos al niño, para que se sienta inclinado a señalar, incluso si aún no habla. Ejemplos en las páginas 13, 30.

3. **¡Repite, repite, repite!** Los niños aprenden a hablar al escuchar una palabra que es constantemente repetida en distintas situaciones. Antes de poder recordar una palabra, los niños con retraso del habla necesitan escucharla muchas, MUCHAS veces. ¡La repetición es clave! En vez de hablar con oraciones largas, elige algunas palabras clave y repitelas tanto como puedas. Ejemplos en las páginas 14, 25.

4. **Narra lo que TÚ estás haciendo.** ¡Mientras más expuestos al lenguaje, mejor! Un estudio realizado por la profesora Anne Fernald de la Universidad de Stanford concluyó que los niños de dos años con menos exposición al lenguaje, tienen menos vocabulario y procesan el lenguaje más lentamente que aquellos niños que oyeron más palabras por día (Fernald, 2013). Ejemplo: "Me estoy poniendo los zapatos porque vamos a salir." Ejemplos en las páginas 11, 16.

5. **¡Haz una pausa y espera!** Si bien es cierto que mientras más palabras escuchen, mejor, también es importante que los niños tengan oportunidades para hablar. Al hacer una pausa y esperar, le estás dando una oportunidad de responder, enseñándole a "tomar turnos," algo fundamental para el desarrollo del habla y el lenguaje. Haz uno o dos comentarios, haz una pausa y ¡espera con una sonrisa! Asegúrate de responder a cualquier cosa que tu hijo diga o haga para promover que tome turnos. ¡Trata de generar tantas interacciones como puedas! Los juegos que requieren tomar turnos son excelentes para demostrar esto: como el "¿Dónde está?" para bebés, o pasar la pelota con niños más grandes. Ejemplos en las páginas 12, 17, 18, 26.

6. Habla paralela. Narra lo que TU HIJO está haciendo. Recuerda hacer pausas para darle la oportunidad de que responda. Con el habla paralela estás haciendo comentarios, no haciendo preguntas. Los adultos tendemos a hacer muchas preguntas a los niños. ¡Esto puede ser muy confuso para aquellos que aún no hablan o que tienen retraso del habla! Más bien, comenta sobre lo que tu hijo está haciendo. Es aceptable (¡y recomendado!) tener momentos de silencio entre comentarios. Ejemplo: "Estás poniendo el bloque encima. Estás construyendo una torre." Ejemplos en las páginas 18, 29.

7. Da instrucciones a tu pequeño. Es imposible mejorar el lenguaje expresivo (el habla) sin trabajar en el lenguaje receptivo (la comprensión de las palabras y su significado). Típicamente, los niños de un año pueden seguir instrucciones de un paso y los niños de dos años pueden seguir instrucciones de dos pasos. A veces es más fácil hacerlo todo por ellos, pero los niños aprenden a hablar y a ser independientes siguiendo pasos simples. Los niños pequeños sienten una gran satisfacción al completar tareas, ¡así que dales algo que hacer! Pídele a tu pequeño que busque sus zapatos en vez de buscarlos tú o diles que tiren algo a la basura después de cada comida. Ejemplos en las páginas 15, 16.

8. Expansión del lenguaje. Añade una o dos palabras a lo que tu pequeño diga. Si el niño dice "carro", tú puedes responder diciendo, "¡el carro hace bip bip!" o "¡un carro azul!" Ejemplos en las páginas 19, 20, 29.

9. **¡Las exclamaciones también son palabras!** Estas son palabras como: "oh oh", "síii", "yei", "wii", "mmm", o "guao". Para fomentar a los niños a que produzcan palabras exclamativas, usa tus expresiones faciales para exagerar. Hacer una inhalación repentina o dar un grito ahogado antes de una palabra exclamatoria puede ayudar a que el niño ponga más atención; es importante que presten atención para que sus cerebros puedan procesar la información. Las palabras exclamatorias son muy útiles si tu hijo aún no habla mucho. Cuando uses esta estrategia, alarga las vocales y habla con ritmo o a modo de canción. Ejemplo: vean un hermoso atardecer juntos y de manera lenta y algo exagerada di "guaaaao". Ejemplos en las páginas 22, 23.

10. **Canta/Lee y haz una pausa.** Canta canciones que le gusten a tus niños y haz pausas antes de ciertas palabras. Sigue cantando y continúa haciendo pausas aunque tu niño no llene el vacío inmediatamente. Lo más probable es que por lo menos también hagan una pausa y te miren - una vez que tengas su atención, di la palabra. En el mundo actual, puede ser fácil pedirle a "Alexa" que ponga una canción, pero al cantar nosotros mismos, podemos ir más lento, pausar, cantar y conectar con nuestra familia; "Estrellita, ¿dónde...? Me pregunto qué"... Lo mismo aplica al leer cuentos o historias conocidas. Ejemplos en las páginas 24, 31.

Estrategia #4 **Narra lo que TÚ estás haciendo**

¿Tu hijo usa gestos? Si no está hablando en absoluto, puedes empezar por enseñarle gestos. Utiliza tu mano para saludar y despedirte cada vez que se presente la oportunidad. Haciéndolo tú, puedes incentivar a que tu pequeño también los use más. Puede ser de mucha utilidad enseñar a tu pequeño algunas señas del lenguaje de señas, como "más", "abrir" y "por favor."

Estrategia #5 ¡Haz una pausa y espera!

Señalar es un prerrequisito del habla y el lenguaje. Incentiva a tu niño a señalar sosteniendo objetos frente a él en vez de dárselos directamente. Demuestra cómo y cuándo señalar cuando estén dando una caminata y di "¡Mira, un avión!

¡La camiseta con el sol!
¡Mira ese sol!
¡Hoy el sol está brillando afuera!
¡Sol!

Estrategia #3 ¡Repite, repite, repite!

¡Abre la nevera por papá, por favor!
1, 2...
¡...3! ¡Abre!
Estrategia #1 Rutinas verbales
Estrategia #7 Da instrucciones
15

Puede parecer tonto narrar todo lo que hacemos todo el tiempo, pero al hacerlo le estás dando a tu pequeño un entorno abundante en lenguaje. Recuerda hacer pausas entre comentarios y darle oportunidades de responder.

*Una recomendación para evitar que tu hijo se vuelva quisquilloso con la comida: en vez de preguntar "¿te gusta?" o "¿está rico?" mientras comen, usa palabras neutrales y descriptivas como "jugoso", "crujiente". Esto también ayudará a expandir el vocabulario de tu pequeño.

** Notarás que Daisy dice "ujiente", en vez de "crujiente." ¡Esto es perfectamente normal! En esta etapa del desarrollo del lenguaje, no queremos enfocarnos en la pronunciación perfecta; pero asegúrate de tú modelar una pronunciación correcta.

¡El tren va rápido! ¡El tren se detiene! Estás empujando el tren.

El tren hace...

¡Chuu Chuuuu!

Estrategia #6 Habla paralela

Estrategia #5 ¡Haz una pausa y espera!

¡Pájaro!
¡Un pájaro pequeño!
ABIERTO

Estrategia #8 Expansión del lenguaje

Un comentario sobre los colores: si tu pequeño tiene retraso del habla, no pases mucho tiempo enfocado en colores y números y concéntrate en palabras que tienen más intención comunicativa, como "no", "más", "mío", verbos y sustantivos. Notarás que el papá de Daisy le dice, "una bici roja." Eso está bien, sólo no te fijes en enseñar colores únicamente.

Estrategia #1 **Rutinas verbales**

21

Estrategia #1 Rutinas verbales

Estrategia #9 Palabras exclamatorias

Recomendación rápida: Cada vez que se te caiga algo, di, "¡oh, no!" La imitación es uno de los principales pilares del habla y el lenguaje y comienza con gestos y expresiones faciales. ¡Sé tan teátrico y divertido como quieras! Hablando de imitación, después de tomar un sorbo de alguna bebida, deja salir un refrescante sonido, "¡ah!"

Estrategia #10 **Canta y haz una pausa**

Estrategia #3 **¡Repite, repite, repite!**

Estrategia #5 ¡Haz una pausa y espera!

¿Sabías que cuando tu pequeño levanta los brazos para que lo cargues, esto cuenta como un gesto? Recuerda: ¡los gestos también comunican! Ayuda a tu hijo a conectar sus gestos con palabras respondiendo y diciendo en voz alta lo que ellos están gesticulando.

La mamá de Daisy no la carga inmediatamente sino que utiliza una rutina verbal y espera a que la niña responda. Es importante enseñar a los niños que el lenguaje es recíproco, por lo que al pedir, decir o hacer algo, trae una respuesta de algún tipo. (¡Esto no significa que siempre les demos todo lo que piden!)

Estrategia #8 **Expansión del lenguaje**

Estrategia #6 **Habla paralela**

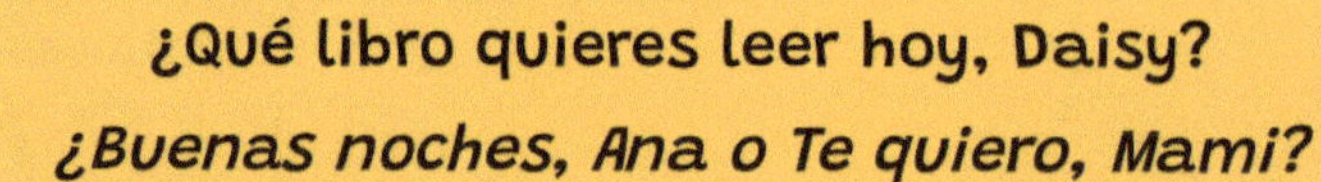

Estrategia #2 Ofrece opciones

¿Has notado que tu pequeño quiere leer el mismo libro una y otra vez? ¡Eso es muy bueno! Es excelente para sus cerebros escuchar la misma historia repetidas veces porque así pueden anticipar lo que sucederá, lo que los ayuda a desarrollar el pensamiento lógico. Es gratificante para los niños cuando sus predicciones son correctas.

Otra nota respecto a la lectura: En ocasiones, cuando tienen mucha energía, es difícil para los niños quedarse quietos escuchando un cuento completo, ¡y eso está bien! En vez de preocuparte por leer cada palabra, señala y comenta sobre las ilustraciones en la página. Lo más probable es que tu pequeño te imite y también señale, lo que es perfecto pues ¡la imitación es crucial para desarrollar el lenguaje! Apunta a un pájaro y di, "pío, pío"; apunta a las nubes y repite, "nubes, nubes, nubes" de manera divertida y hasta con melodía.

Una nota para los padres y guardianes

Es importante recordar que este libro no reemplaza una evaluación del lenguaje del habla o terapia de lenguaje, sino que sirve como un recurso de gran utilidad. Si te preocupa el desarrollo del habla y lenguaje de tu pequeño, consulta a tu pediatra. También puedes acudir a instituciones oficiales de intervención temprana de tu estado. En muchos estados, las evaluaciones y terapias de lenguaje no tienen costo alguno. Si tu pediatra te dice que esperes a ver si tu pequeño "se pone al día", igual te recomiendo consultar con un terapista de lenguaje. Estudios recientes demuestran que el cerebro es maleable, lo que significa que podemos dar forma a los cerebros de los niños creando nuevas vías neuronales, especialmente desde su nacimiento hasta los tres años de edad, por lo que ¡mientras más temprana la intervención, mejor!

Recuerda que las estrategias que aprendiste en este libro están pensadas para que las utilices en tu día a día y no deberían sentirse forzadas. Si te sientes abrumado por todas las estrategias, escoge una o dos para aplicar en ciertas situaciones, como a la hora del baño o en el parque. Conecta con tu pequeño y disfruten su tiempo juntos, interactuando mediante intercambios durante el día. El hecho de que estés leyendo este libro demuestra que ¡ya te estás esforzando por estimular el desarrollo del lenguaje de tu pequeño!

Recursos

Anne Fernald's elegant study: Anne Fernald, Virginia A. Marchman, and Adriana Weisleder, "SES differences in language processing skill and vocabulary are evident at 18 months," *Developmental Science* 16.2 (2013): 234-248.

Mize, L. (2011). *Teach me to talk: The therapy manual; a comprehensive guide for treating receptive and expressive language delays and disorders in toddlers and young preschoolers*. Teachmetotalk.com.

Sobre las Metas de Habla y Lenguaje, consultar:

https://www.cdc.gov/ncbddd/actearly/milestones/milestones-in-action.html

https://ncdc.ca/services-for-children/speech-and-language-therapy/

Sobre la Autora

Alexandra Princiotta Lowe es una Patóloga del lenguaje certificada y con una práctica privada. Su meta profesional y personal consiste en ayudar a que las familias con las que trabaja sientan confianza para crear entornos de lenguaje nutritivo para sus niños. Gracias a la telemedicina, Alexandra trabaja con niños de todas las edades en California y Nueva York y también trabaja con personas con afasia.

Alexandra vive en Los Ángeles, California con su esposo y su hija Penélope. Puedes encontrarla en la playa leyendo un libro en Fire Island, Nueva York o haciendo senderismo con su familia en California. ¡Sigue su perfil en Instagram, @akp_speechtherapy!

www.akpspeech.com

www.ingramcontent.com/pod-product-compliance
Lightning Source LLC
Chambersburg PA
CBHW042112110726
48006CB00002B/614